Inhalt

Green Card reloaded? - Die Bundesregierung will die Zuwanderung von Fachkräften erleichtern

Kernthesen

Beitrag

Fallbeispiele

Weiterführende Literatur

Impressum

Green Card reloaded? - Die Bundesregierung will die Zuwanderung von Fachkräften erleichtern

R.Reuter

Kernthesen

- Zehn Jahre nach Einführung der Green Card ist die Diskussion um die Zuwanderung von Fachkräften erneut entbrannt und das Bundeswirtschaftsministerium will den bevorstehenden Fachkräftemangel entschlossen bekämpfen.
- Die Gegner der Initiative monieren, dass der

deutsche Arbeitsmarkt noch viel ungehobenes Potenzial bereitstelle. Würden Migranten, Frauen und Arbeitslose gezielt qualifiziert, sei eine höhere Zuwanderung gar nicht nötig.

- Arbeitsmarktexperten und Forschungsinstitute hingegen malen den bevorstehenden Fachkräftemangel in schwarzen Farben und glauben, dass Deutschland den demographischen Wandel nur durch höhere Einwandererzahlen kompensieren könne.

Beitrag

Die Debatte beginnt erneut - erste Initiative vor zehn Jahren

Die Bundesregierung hat eine Debatte darüber angestoßen, qualifizierte Arbeitskräfte nach Deutschland zu holen, um so dem Fachkräftemangel vorzubeugen. Angestoßen wurde die Diskussion von Bildungsministerin Annette Schavan, die eine leichtere Zuwanderung von Fachkräften forderte. Wirtschaftsminister Rainer Brüderle schloss sich der Forderung an: Der Fachkräftemangel sei das

Schlüsselproblem des deutschen Arbeitsmarkts. (1)

Bereits im Jahr 2000 hat der damalige Bundeskanzler Gerhard Schröder die Green Card eingeführt, um ausländischen IT-Experten den Einstieg in den deutschen Arbeitsmarkt zu erleichtern. Infolge der Regelung durften Zuwanderer von außerhalb der EU kommen, wenn sie einen Hochschulabschluss auf einem Gebiet der IT-Branche vorlegen konnten. Bis Ende 2005 kamen auf diesem Weg 18 000 IT-Spezialisten nach Deutschland. Die damalige Debatte darüber, ob Deutschland mehr Zuwanderung braucht, um freie Stellen zu besetzen, ist seitdem nicht weiter geführt worden - erst jetzt kommt die Frage wieder auf die Agenda. Auch die Gegner einer erleichterten Zuwanderung haben sich bereits formiert. Sie argumentierten damit, dass erst inländische Arbeitslose Beschäftigung finden müssten, bevor auf ausländische Spezialisten zurückgegriffen werde. Zudem stünden in Deutschland 1,3 Millionen Menschen ganz ohne Berufsabschluss da, die erst einmal nachqualifiziert werden müssten. (1), (5)

Fachkräftemangel wird offenkundig

Fraglich ist indessen, ob die Weiterbildung von

Unqualifizierten den Fachkräftemangel tatsächlich kompensieren kann. Selbst im Krisenjahr 2009 verzeichnete der Branchenverband Bitkom 20 000 unbesetzte Stellen für IT-Fachleute, zugleich fehlen 34 000 Ingenieure. Auch daran zeigt sich, dass Deutschland für ausländische Spezialisten kaum attraktiv ist. Gerade einmal 2 500 IT-Fachleute kamen 2009 von außerhalb der EU. Dies ist deutlich weniger als zur Zeit der Green-Card-Regelung, obwohl die Zuwanderungsgesetze seither weiter gelockert wurden.

Das Problem fehlender Fachkräfte wird damit immer drängender. Fast 350 000 der 1,5 Millionen in Deutschland arbeitenden Ingenieure sind 56 Jahre und älter. Demgegenüber wird nach Schätzungen der statistischen Ämter des Bundes und der Länder bis 2020 die Zahl der Absolventen aller allgemeinbildenden Schulen in Deutschland um 178 000 abnehmen, was einem jährlichen Rückgang um 1,4 Prozent entspricht. Es ist also absehbar, dass die Zahl junger Ingenieure nicht ausreichen wird, um die Abgänge in spätestens zehn Jahren ersetzen zu können. Soll diese Lücke nicht durch Betriebsverlagerungen ins Ausland geschlossen werden, muss die Initiierung einer Zuwanderung ausländischer Arbeitskräfte frühzeitig erfolgen. (1), (9)

Gesetze werden bereits gelockert - Maßnahmen zur Steigerung der Attraktivität erforderlich

Die Lockerung der Zuwanderungsgesetze in den vergangenen Jahren erlaubt es Akademikern aus der gesamten EU, in Deutschland arbeiten zu dürfen. Bei Akademikern aus dem Rest der Welt gelten hingegen weiterhin Restriktionen. Sie dürfen nur nach Deutschland kommen, wenn es keinen geeigneten deutschen Bewerber für die Stelle gibt. Das gleiche gilt für Facharbeiter aus den neuen EU-Staaten in Osteuropa. Auch sie erhalten eine Arbeitserlaubnis nur dann, wenn es einen deutschen Kandidaten für den Posten nicht gibt. Eine unbefristete Niederlassungserlaubnis wird ausgestellt, wenn der Zuwanderer mehr als 64 800 Euro verdient. (2)

Um Deutschland für ausländische Spezialisten attraktiver zu machen, hat das Bundeswirtschaftsministerium die Zahlung von Lockprämien angeregt. Dieses Begrüßungsgeld müsste jedoch von den Unternehmen aufgebracht werden, Steuergelder sollen hierfür nicht fließen. Eine weitere Maßnahme könnte die Absenkung der Einkommensschwelle für die Erteilung einer Arbeitserlaubnis sein. Zudem soll im Herbst eine neue Regelung verabschiedet werden, die eine bessere

Anerkennung ausländischer Abschlüsse gewährleistet.

Die Arbeitgeberverbände begrüßen die Pläne, fordern jedoch die Einführung eines Punktesystems. Einwanderungswillige Fachkräfte sollen für ihre Ausbildung, Berufserfahrung oder Sprachkenntnisse Noten erhalten. Nur solche Kandidaten, die genug Punkte aufweisen, sollen kommen dürfen. (2)

Forschungsinstitute befürworten die Zuwanderung - Gewerkschaften lehnen Maßnahmen ab

Rückendeckung erhält der Bundeswirtschaftsminister von Arbeitsmarktexperten. So glaubt der Direktor des Bonner Instituts zur Zukunft der Arbeit (IZA), Klaus Zimmermann, dass eine Exportnation wie Deutschland in einer globalisierten Welt ohne die Öffnung des Arbeitsmarkts nicht werde bestehen können. Zimmermann ist auch Präsident des Deutschen Instituts für Wirtschaftsforschung (DIW). Das Nürnberger Institut für Arbeitsmarkt- und Berufsforschung (IAB) prognostiziert, dass in Deutschland bis 2030 rund 5,5 Millionen Fachkräfte fehlen werden. Das Institut führt überdies an, dass der Fachkräftemangel in Deutschland sogar bei der Erreichung von Vollbeschäftigung nicht beseitigt wäre. Die Alternative zur Einwanderung, viel Geld in die Qualifizierung von Arbeitslosen zu stecken, würde das Problem mithin nicht aus der Welt schaffen. (3)

Die Gewerkschaften halten von den Plänen der Bundesregierung freilich gar nichts. Sie glauben, dass es in Deutschland unter Migranten, Frauen und Arbeitslosen genügend Arbeitskräfte gibt, die durch geeignete Qualifizierungsmaßnahmen in die Bresche springen könnten. Die Idee, die Zuwanderung zu erleichtern, halten sie darum für völlig abwegig. (4)

Trends

Nachfrage nach Zeitarbeitern steigt

Die Zeitarbeit gilt als wichtiger Frühindikator für die künftige Entwicklung des Arbeitsmarkts. Kündigt sich ein Aufschwung an, fragen die Unternehmen zunächst mehr Zeitarbeiter nach. Erst wenn sich die konjunkturelle Belebung verfestigt, wird auch die feste Belegschaft wieder aufgestockt. Derzeit sind Zeitarbeiter sehr gefragt, was den Schluss zulässt, dass die schlimmsten Folgen der Wirtschafts- und

Finanzkrise tatsächlich vorbei sind. Laut der Bundesagentur für Arbeit sind die Zahlen aktuell genauso gut wie im Boomjahr 2007. (8)

DAX-Konzerne suchen Mitarbeiter

Die 30 Dax-Konzerne suchen einer Umfrage zufolge 10 000 neue Mitarbeiter. Die Zahl der zu besetzenden Stellen ist damit innerhalb von nur drei Monaten um hundert Prozent gestiegen. Den größten Personalbedarf meldet der Mischkonzern Siemens. Allein in Deutschland fehlen dem Großunternehmen 2 000 Arbeitskräfte, zudem steige der Bedarf kontinuierlich an. Die Trendwende am Arbeitsmarkt, die manchen Experten sogar an die Möglichkeit der Vollbeschäftigung glauben lässt, hat damit auch Deutschlands wichtigste Großkonzerne erreicht. Mit einer Arbeitslosenquote von sieben Prozent liegt Deutschland derzeit im oberen Drittel der EU-Skala und hat damit insbesondere die USA weit hinter sich gelassen. Dort beträgt die Arbeitslosenquote aktuell zehn Prozent. (6)

Fallbeispiele

Europas Arbeitsmärkte driften auseinander

Der Arbeitsmarkt auf dem alten Kontinent zeigt ein sehr uneinheitliches Bild. Insgesamt liegt die Arbeitslosenquote bei zehn Prozent, in den Ländern selbst aber sind die Quoten unterschiedlich hoch. Als Musterschüler gelten derzeit insbesondere Österreich, die Niederlande und Deutschland, die trotz der weltweiten Rezession die Erwerbslosigkeit verringern konnten. Schlecht bestellt ist es hingegen um Spanien, das mit einer Arbeitslosenquote von 20,1 Prozent den höchsten Wert seit 13 Jahren beklagt. Noch schlimmer steht es im Land des Fußball-Weltmeisters um die Jugend. Hier beträgt die Quote der Erwerbslosen erstaunliche 40 Prozent. (7)

Weiterführende Literatur

(1) Der Preis der Angst
aus Süddeutsche Zeitung, 31.07.2010, Ausgabe München, Bayern, Deutschland, S. 21

(2) Die Regierung entdeckt im Aufschwung den Fachkräftemangel neu
aus Frankfurter Allgemeine Zeitung, 31.07.2010, Nr. 175, S. 11

(3) Experten fordern mehr Einwanderung //
"Arbeitsmarkt öffnen wegen Fachkräftemangel"
aus Der Tagesspiegel Nr. 20687 VOM 26.07.2010 SEITE 004

(4) Lockprämie für ausländische Fachkräfte
Wirtschaftsminister sieht die Liberalen als Reformmotor der Koalition. CSU und Gewerkschaften kategorisch gegen Brüderles Pläne
aus Hamburger Abendblatt, 31.07.2010, Nr. 176, S. 3

(5) Schavan für ausländische Fachkräfte Visa-Erteilung soll erleichtert werden. Opposition fordert Ausbildungsoffensive für junge Leute
aus Hamburger Abendblatt, 26.07.2010, Nr. 171, S. 3

(6) Fachkräftemangel Dax-Konzerne suchen händeringend qualifizierte Mitarbeiter
aus HANDELSBLATT online 23.07.2010 06:00:49

(7) Spaniens Arbeitsmarkt ist das Schlusslicht in Europa
aus Frankfurter Allgemeine Zeitung, 31.07.2010, Nr. 175, S. 12

(8) Streit über Zeitarbeit trübt das Jobwunder
aus Handelsblatt Nr. 144 vom 29.07.2010 Seite 15

(9) Wirtschaftswachstum schaffen
aus Personal Nr. 06 vom 01.06.2010 Seite 006

Impressum

Green Card reloaded? - Die Bundesregierung will die Zuwanderung von Fachkräften erleichtern

Bibliografische Information der deutschen Nationalbibliothek

Die Deutsche Nationalbibliothek verzeichnet diese Publikation in der deutschen Nationalbibliografie; detaillierte bibliografische Daten sind im Internet über http://dnb.d-nb.de abrufbar.

ISBN: 978-3-7379-0954-9

© 2015 GBI-Genios Deutsche Wirtschaftsdatenbank GmbH, Freischützstraße 96, 81927 München, www.genios.de

Alle Rechte vorbehalten. Dieses Werk ist einschließlich aller seiner Teile – z.B. Texte, Tabellen und Grafiken - urheberrechtlich geschützt. Jede Verwertung außerhalb der Grenzen des Urheberrechtsgesetzes bedarf der vorherigen Zustimmung des Verlags. Dies gilt insbesondere auch für auszugsweise Nachdrucke, fotomechanische Vervielfältigungen (Fotokopie/Mikroskopie), Übersetzungen, Auswertungen durch Datenbanken oder ähnliche Einrichtungen und die Einspeicherung und Verarbeitung in elektronischen Systemen.